DE LA
RÉDUCTION DE LA RENTE

CONSIDÉRÉE COMME PRINCIPE

DE CALAMITÉS MORALES

DANS L'ÉTAT.

PARIS,

PONTHIEU, LIBRAIRE, PALAIS-ROYAL,

GALERIES DE BOIS.

1824.

PARIS, IMPRIMERIE DE COSSON, RUE GARENCIÈRE, N° 5.

AVANT-PROPOS.

Tout le monde a traité la question de
la réduction des rentes dans ses rapports
de finances; je vais la mettre en regard
avec les intérêts de la morale et le salut
même de l'État.

Il y a des préventions invétérées sur
l'origine et la nature de la rente, sur son
utilité, sur la protection qu'elle mérite.
Un assez grand nombre d'économistes
s'aveuglent devant les fâcheux résultats
que la mesure proposée de réduction en-
traîne avec elle : j'éprouve le besoin de
dissiper ces préjugés et de faire voir ces
illusions.

Je le ferai sans passion, le faisant sans
intérêt. Je ne me prévaudrai que de faits
constans, et je n'userai que de la logique

froide et rigoureuse, persuadé que je suis
de la bonne foi du ministère et de la
disposition où il est de permettre toutes
les raisons et de les adopter aussitôt
qu'elles l'auront convaincu. La morale
des particuliers est surtout celle des gouvernemens. La conscience de l'homme
gagne à reconnaître ses erreurs; il n'y a
que l'orgueil qui y perde, c'est-à-dire
son ennemi.

Si la réduction était prononcée, les
efforts de ses contradicteurs ne seraient
pas perdus; c'est bien quelque chose que
d'avoir protesté contre le mal et proclamé
la vérité.

RÉDUCTION DE LA RENTE

CONSIDÉRÉE COMME PRINCIPE

DE CALAMITÉS MORALES

DANS L'ÉTAT.

~~~~~~

CHAPITRE PREMIER.

De l'origine et de la nature des rentes sur l'Etat.

Depuis l'établissement du christianisme, le prêt d'argent à intérêt de même nature, en France comme dans tout le reste de l'Europe, sévèrement défendu et réprimé par le double pouvoir religieux et politique, semblait relégué chez les Juifs, qu'il enrichissait au prix de la haine et quelquefois de la persécution ; aujourd'hui même le prêt à intérêt semble encore affecté de la même proscription, et les familles les plus distinguées et les plus vertueuses de la société ne croiraient pas pouvoir le pratiquer sans se compromettre. Faut-il, après tout, s'en étonner ? Dans le prêt, celui-là qui a des besoins à satisfaire, pourtant les augmente
~~~~~~

en se soumettant à une redevance périodique et inévitable, sans être libéré, quelles que soient ses pertes, de l'obligation du capital.

C'est du sein de la défaveur attachée dans le monde entier au prêt à intérêt que sont sorties successivement, ou à la fois, les institutions des *rentes foncières* et des *rentes constituées* : par elles du moins un emprunteur, naturellement malheureux, se trouvait *à jamais propriétaire* de fonds de terre productifs ou de capitaux utiles, qui le mettaient en état de payer la redevance.

Mais ces usages durent être et furent aussi, pendant long-temps, particuliers aux citoyens entre eux. Les corporations, les villes, les provinces, et surtout l'État, y étaient en général étrangers. Les rentes constituées, qui ne devinrent fréquentes entre particuliers que dans le 15ᵉ siècle (1), ne le furent, des particuliers à l'État, que dans le 17ᵉ (2). La raison de la différence est sensible : un particulier livre aisé-

---

(1) Il y en a une preuve irréfragable, c'est la loi canonique que l'autorité religieuse se trouva dans le cas de rendre pour les autoriser : « Plusieurs casuistes sévères » de ce temps-là, dit le savant jurisconsulte d'Héricourt, » prétendaient que ces sortes de rentes étaient usuraires. » Le pape Martin V fut consulté, et publia une bulle en » 1420, par laquelle il approuva ces rentes. »

(2) J'ai encore à cet égard pour garant une grande

ment un capital à un particulier dont il connaît
la probité ou la solvabilité, dont il peut facilement suivre des yeux la conduite et la garantie,
et qu'il lui est facile de *discuter* en justice.
Lorsque, au contraire, il s'agit de s'abandonner
à l'État pour de grands intérêts, on y regarde.
Quelle prise avoir sur un être contre les volontés
duquel l'action vous est interdite, et dont les
iniquités ne vous laissent de remède que la
résignation?

« Il y a bien de la différence entre le roi et le
» particulier, dit Loyseau dans son traité de *la*
» *garantie des rentes sur le roi,* parce que si le
» particulier ne veut payer, on l'y peut con-
» traindre tant qu'il y a de quoi, et quand il n'a
» plus rien, il est par conséquent discuté, et il a
» alors recours contre le cédant. Mais, au con-
» traire, le roi n'est jamais insolvable ; mais
» aussi *quand il ne veut payer, il n'y peut être*
» *contraint.* Et comme deux choses sont requises
» pour faire qu'une dette soit bonne à savoir les

---

autorité, et une autorité bien analogue à la matière, c'est
celle de Loyseau, grand jurisconsulte aussi, auteur d'un
traité de la garantie des rentes, et qui fait observer
dans le chapitre *de la garantie des rentes sur l'état,*
que ce n'était alors (au 17e siècle) que *depuis cinquante*
ans qu'on avait commencé d'en constituer.

(6)

» moyens et la convention (1), si un particulier
» a les moyens, la convention n'en est jamais
» impossible; tout au contraire au fisque, les
» moyens y sont; mais si la volonté de payer n'y
» est, la convention est totalement impossible.
» *Cela a été cause d'avoir inventé une clause par-*
» *ticulière* pour les transports des rentes du roi,
» ou du moins une addition à la clause de *four-*
» *nir et faire valoir*, en ces mots, ou autres
» semblables, *nonobstant le fait du prince, cas*
» *d'hostilité, retardement de deniers, détourne-*
» *ment d'assignation, changement de monnoie, et*
» *généralement tous cas fortuits, inopinés, exprimés*
» *et non exprimés.* » Les craintes qu'on avait dans
le siècle de Louis XIV, on n'a pas eu lieu, je
pense, de cesser de les avoir depuis.

Lorsqu'on s'est décidé, particulier, à prêter
des sommes à l'État, on ne le fait que forcé
par la violence, ou séduit par l'appât d'un plus
grand intérêt. La *dette publique* ne saurait avoir,
et n'a jamais eu en effet, d'autre principe que
ces deux là; et sous ce rapport, elle diffère es-
sentiellement de la *dette civile*. J'en appelle à
l'histoire des finances, et je ne crains pas d'en
être contredit. Nous verrons bientôt de quelle
importance il était de fixer ce point.

____

(1) C'est-à-dire l'action judiciaire.

CHAPITRE II.

De la nécessité et de la faveur des rentes sur l'Etat, dans les temps modernes.

PARCE que les rentes sur l'État auraient été dans le principe l'effet de la violence de celui la cupidité, il ne faudrait pas s'imaginer qu'aujourd'hui elles ne seraient pas bienfaisantes, et même nécessaires : c'est la destinée de la plupart des grandes choses d'avoir commencé par des désordres. La rente qui originairement put être odieuse, est devenue, je ne crains pas de le dire, digne de la protection et même de la faveur des gouvernemens.

Il y a deux grandes sections dans le corps social, les forts et les faibles, et ceux-ci apparemment ne sont ni les moins nombreux ni les moins intéressans. Or, c'est un fait que leur sort, plus que celui des autres, est lié à la dette publique.

Un nombre infini de filles célibataires et de

veuves , un nombre plus grand encore de gens pauvres et infirmes de toutes les classes, impuissans à posséder des immeubles, parce qu'ils sont impuissans à les affermer, à les surveiller, à soutenir les procès que leur usage rend inévitables dans un siècle et dans un monde de praticiens, ont, depuis long-temps, recueilli leurs fonds, les ont placés sur l'État, et en vivent au grand avantage de la société et au leur.

Mais outre cette sorte de personnes dont la rente publique est le seul moyen d'existence, il en est d'autres , et non moins dignes de protection, pour lesquelles elle est la propriété naturelle. Cette foule d'hommes qui cultivent les lettres ou les sciences, et qui ont besoin de paix, en même temps qu'ils sont en général incapables des affaires de la vie, trouvent leur affaire dans la possession des rentes. Tant de personnes des deux sexes que le crime ou le malheur a froissées ; tant de *réfugiés* de tous les pays, à qui nous offrons l'hospitalité ; tant d'individus enfin dont le monde ne veut pas, ou qui ne veulent pas du monde, et qui toutefois par leur résignation ou leur repentir, méritent de n'être point abandonnés, ont aussi dans les rentes sur l'État une nature de biens analogue à leur position. Le *grand-livre* est à leurs fortunes ce que les anciens monastères étaient pour les personnes malheureuses, un secret asile ouvert à la liberté des larmes ou de la vertu.

Mais, dira-t-on, l'intérêt que vous soutenez-là n'est pas celui des provinces, mais seulement celui de la capitale? Et quand même! si la capitale est odieuse pour ses vices, doit-elle l'être pour ses mérites ? Elle renferme sans doute une foule de gens inutiles ou coupables, que la facilité de la rente entretient dans l'oisiveté ou favorise dans le désordre ; elle est la matière de basses spécula- tions, de ruines terribles, de désespoirs scan- daleux, et d'enrichissemens plus scandaleux encore. Mais si la rente nourrit ou ruine des mauvais sujets, elle entretient aussi des familles honnêtes. Il n'y a rien dans la société qui ne soit instrument de mal comme de bien ; et si une chose devait être retranchée parce qu'on peut en abuser, il faudrait détruire le pouvoir qui, quelquefois aussi, a été un moyen de tyrannie, et jusqu'aux sujets qui peuvent être des instrumens de révolte. Les abus d'une chose qui a des avan- tages sont toujours la faute du gouvernement, qui ne sait pas, ou ne veut pas, les voir et les prévenir ; jamais le fait de l'institution.

Otant les rentes du grand-livre, et c'est les en ôter que les réduire, il faut rayer aussi Paris de la carte de France ; car il faut bien que ses habitans soient propriétaires, et les maisons de

ville et les immeubles de *l'Ile de France* ne suf-
fisent pas , je pense , à l'étendue de leur fortune:
Vous n'exigerez pas qu'ils se pourvoient d'immeubles en province : la propriété se détériore ,
et le fermier est égoïste et trompeur, privés de
l'œil du maître ; les rentes sur l'État sont seules
capables de servir d'emploi aux capitaux des
Parisiens.

Mais est-il bien vrai de dire que les provinces
profitent peu des avantages de le rente ? Grâces
aux *progrès des lumières* , à l'activité de l'esprit
humain, à la centralisation à Paris du pouvoir
même municipal des derniers hameaux comme
des plus grandes cités de France , et avec cela
de tous les talens et de tous les plaisirs , toutes
les parties du royaume semblent se toucher et
se confondre. C'est une opinion partout reçue
de préférer, pour la facilité , une relation avec
Paris éloigné , à une correspondance avec tout
ce qui n'est pas du voisinage. Les provinces les
plus lointaines ne font qu'un avec la capitale, à
plus forte raison celles qui l'entourent.

D'autres causes, et toutes puissantes, ont
encore concouru, et surtout dans les derniers
temps , à l'introduction des habitans de provinces dans la dette de l'État. Avant la révolution, le bail à rente foncière offrait aux
propriétaires de fonds qui voulaient se sauver

les embarras et les inconvéniens du *faire valoir*, une propriété réunissant à l'avantage de la certitude et de l'importance, celui de la facilité. Ce contrat est tombé en désuétude entre les citoyens avec le traitement qu'on lui a fait subir (1), en haine des anciens nobles qui le pratiquaient plus particulièrement. Il en est résulté un deversement de capitaux sur l'État.

Ce n'est pas tout, il reste encore, nonobstant les efforts de la révolution, et même à cause d'eux, beaucoup de familles timorées, qui, n'osant le prêt à intérêt à des particuliers, d'ailleurs, hérissé de difficultés et rempli de chances par suite de l'obscurité et de l'imperfection du système actuel hypothécaire, ont fait des prêts à intérêt à l'État, autorisés par le droit canonique.

Enfin, et pour surcroît d'engagement à l'emploi des capitaux en rentes, n'a-t-on pas vu tous les gouvernemens qui se sont succédés, dans le cours de la révolution et depuis, ajoutant aux *grands livres* de *petits grands-livres*, offrir la rente aux citoyens avec les facilités les plus arbitraires, sous les couleurs les plus séduisantes, et même la leur imposer?

Disons-le donc, une grande partie de la popu-

____

(1) On l'a supprimé sans indemnité.

lation de toutes les classes de la société, et les personnes et les familles les plus dignes d'égards, reçoivent la vie, ou du moins la paix, de l'institution de la dette publique.

La société, de son côté, y trouve à la fois des gains d'argent et des avantages de morale : avec la rente, l'état, s'il est habile, peut se créer des bénéfices susceptibles de lui faire diminuer l'impôt devenu si onéreux. En tout cas, il épargne à ses administrés, des usures dont la disponibilité d'une seule partie des capitaux placés sur lui, ne manquerait pas d'être la cause. Enfin le bien, la satisfaction de ses nombreux créanciers, et qui ne le sont que pour la foi qu'ils ont eue en lui, et dans le désir et l'intérêt de le soutenir ; n'est-ce donc pas pour lui un avantage, et le plus grand de tous ?

C'est pour cela aussi, alors même qu'elle y songeait le moins, que l'autorité a, de tout temps, accordé ou confirmé des priviléges à la rente sur l'Etat, qu'elle l'a affranchie d'impôts, et déclarée jusqu'à un certain point insaisissable. Il est vrai que quelquefois elle l'a violée (ne voudrait-elle pas la violer encore !) ; mais le suicide aussi a lieu dans les gouvernemens comme dans les individus ; et pour être possible, je ne pense pas qu'il soit légitime.

CHAPITRE III.

De l'inviolabilité du droit des rentiers de l'Etat.

Des citoyens ont donné des capitaux à l'Etat, et ils en ont stipulé des rentes. Cela faisant, ils ont pensé se procurer tel ou tel revenu annuel, et ils ont en effet perçu, et perçu pendant une longue suite d'années, ce revenu. Ils ont vécu, ils ont fait vivre leurs familles, ils l'ont élevée; ils ont réduit ses *habitudes* en *seconde nature* là dessus. Les conséquences de cette propriété ont dépassé la famille; elles se sont naturellement étendues, d'une façon plus ou moins sensible, sur la société toute entière, par des alliances, par des contrats et des engagemens de toute sorte. Comment se pourrait-il qu'une propriété qui est le fondement de tant d'actes et de tant d'espérances, ne constituât pas une propriété permanente et incommutable, un droit acquis enfin?

On objecte que les rentiers de l'État, pour

acquérir 5 fr. de rente, n'auront donné, terme moyen, que 60 fr. ? ils n'en eussent donné que la moitié, qu'il faudrait encore respecter leur revenu. L'inconvenance et même l'iniquité du prix de la rente ne sauraient ici blesser son intégrité, parce qu'elles sont étrangères à sa validité originaire.

Et c'est ici que montre son utilité celui des chapitres précédens, où j'ai fait voir qu'un *bon père de famille* ne se trouve jamais créancier de l'État que celui-ci ne l'y ait obligé ou ne lui fasse une condition plus avantageuse qu'un particulier ordinaire. Le *contrat de rente* avec l'État est une sorte de contrat *aléatoire*, un jeu, si vous voulez, où il ne faut rien moins que la chance d'un gros bénéfice pour justifier la témérité de l'action.

Le fisc a mauvaise grâce à opposer à son créancier l'exiguité de la somme prêtée : quelque petite qu'elle ait été, elle était toujours considérable pour le fisc, puisqu'il *pouvait* (cela suffit) impunément la garder gratuitement. L'exiguité du prix de la rente, loin d'être une raison de son iniquité, en serait plutôt une de sa justice; car les fonds publics ne baissent jamais qu'en raison de la faiblesse, et par conséquent du défaut de garantie, du gouvernement.

La preuve que *le prix* de la rente, quel qu'il

ait été , n'était pas si disproportionné avec elle
qu'on veut bien le dire, c'est qu'une foule de
citoyens ont refusé de le donner, préférant le
doubler pour le placer sur des particuliers au
même taux.

Tel est le droit des créanciers de l'État ; c'est
un droit éminemment naturel : il repose sur
l'utilité d'acquérir. Il n'est pas moins politique ,
étant fondé pour l'Etat sur le besoin de le conserver par des emprunts , et pour se citoyen ,
sur le devoir de venir au secours de l'État en
danger. Il est éminement légitime , puisqu'il
est pratiqué comme partie par le gouvernement,
qui seul a le droit de le déclarer comme législa-
teur.

Le droit pour les rentiers de l'Etat de conserver leurs rentes dans leur intégrité est un droit
au moins aussi juste et aussi raisonnable que
tous les autres droits civils. S'il pouvait y avoir
une loi positive en vigueur, quelle qu'elle soit,
fût-elle la Charte , qui le prohibât ou permît de
lui porter atteinte, il faudrait l'abroger ; parce
que rien de ce qui est injuste ne doit avoir le
privilége de la durée. Mais le fait est qu'ici la
législation est parfaitement en harmonie avec
la règle ; et ce n'est que pour l'avoir mal inter-
prétée que le fisc s'en est prévalu.

Le Code civil permet imprescriptiblement au

débiteur d'une rente de la *racheter* (1)? Oui,
dans le cas où le rachat a été prévu lors du
contrat originaire; oui, lorsqu'il peut se faire
sans inconvéniens, et même à l'avantage, du
créancier, comme cela arrive toujours entre
particuliers; mais non, certainement, quand il
est impossible sans ruiner sa fortune et confondre son existence.

Le code, dit-on, n'a pas distingué? Et si le
bon sens distingue! Il y a bien d'autres dispo-
sitions où ce code n'a pas fait ce qu'il aurait dû
faire, et où le juge qui le redresse le fait pour
lui. Lorsqu'on cite des lois, on devrait bien
noter celles qui, comme le *Code civil* ont été
improvisées dans un intervalle plus ou moins
lucide de la révolution, afin, du moins, de
mettre ses lecteurs sur ses gardes. Mais après
tout ce pauvre *Code civil*, n'a reçu que trop de
reproches mérités sans en recevoir qu'il ne mérite pas. Il a pris cent fois le soin d'avertir ses
justiciables qu'il ne s'était pas occupé de telle
ou telle matière. Il l'a fait, une fois pour toutes,
dans le dernier article de sa loi de réunion et de
clôture. Il l'a dit en particulier de la plupart
des affaires *publiques* (2). Celle de la rente de

____

(1) Art. 1911.
(2) Art. 636, 714, 715, etc.

l'Etat , assurément il ne l'a pas retenue : il ne faut pour s'en convaincre que la considération du *chapitre* où la disposition du rachat des rentes est intercalée; c'est le *chapitre du prêt à intérêt* et de l'usure, que le gouvernement permet ou réprime, mais ne fait pas. Ce n'est pas tout : un *article,* surtout dans un code où il y en a plusieurs milliers', s'il est obscur , s'interprète par ceux qui le touchent ; et il se trouve précisément que les deux articles qui suivent celui du rachat de la rente prévoient trois cas de sa résolution en faveur du créancier, dont aucun ne saurait s'appliquer aux rentiers de l'Etat, le défaut d'*accomplissement d'obligations pendant deux ans*, l'inexécution des *sûretés promises* et *la faillite.* Car si le gouvernement fait quelquefois banqueroute aussi, je ne pense pas qu'il puisse prétendre avoir prévu sa turpitude.

Le gouvernement n'est pas recevable à se prévaloir du *Code civil* contre les rentiers de l'Etat. Le serait-il à arguer de lois plus ou moins anciennes ou révolutionnaires qui permettraient le rachat? Non, car ce serait comme s'il se prévalait de sa volonté arbitraire. Lui, ou ses prédécesseurs, ont fait ces lois dans leur propre intérêt; ils se sont faits juges dans la cause où ils étaient parties; ils sont suspects d'aveuglement et par conséquent susceptibles de récusation.

S'il y avait sur la question une loi digne d'être citée, ce serait l'article 70 de la Charte, qui, en statuant que *la dette publique est garantie* et que *toute espèce d'engagement* pris par l'Etat envers ses créanciers est inviolable, proclame éminemment, selon moi, l'intégrité de la rente, et son inviolabilité. On ne saurait trop s'étonner après cela que le gouvernement le plus éclairé et le plus juste qu'il y ait encore eu en France depuis un siècle, descendît à la violer.

~~~~~~

CHAPITRE IV.

Des effets désastreux de la réduction de la rente sur les
rentiers.

Les effets de la réduction qu'on se propose
sont tous plus désastreux les uns que les autres.
Subira-t-on purement et simplement la réduction ? Il faudra, et tout à coup, réduire aussi sa
dépense, et par conséquent changer son avenir
et rompre sa vie présente. Il faudra s'imposer
de rudes privations et manquer même à ses engagemens. Si l'on retire ses fonds du trésor, le
mal n'est pas moins grand ; n'en résultât-t-il que
la seule perte des frais de mutation de propriété
et de remploi, que ce serait déjà une perte considérable, et d'autant plus qu'elle porterait sur
les classes pauvres et faibles. Mais on sup-
porterait encore cette perte, si du moins le
remploi pouvait se faire facilement et avec
avantage. Or, c'est précisément ce qui ne serait pas.
~~~~~~

Déjà la propriété foncière est tenue pour si précieuse, que pour un vendeur, et encore obligé, il se trouve dix acquéreurs en concurrence ; que sera-ce si l'on suppose des masses de rentiers devenus capitalistes et, tous ensemble, et dans le même moment, en rang et dans l'obligation impérieuse d'acquérir ? Il est évident qu'ils se trouvent placés dans l'impuissance de faire des emplois, ou dans l'obligation d'en faire de désavantageux (1) ; et que ce n'est pas la force des circonstances, mais bien le gouvernement qui les met dans cette perplexité. Cependant leur besoins courront apparemment ; toutefois leurs revenus seront suspendus.

J'ai parlé pour les rentiers remboursés d'emplois en immeubles : on ne leur suppose sûrement pas la ressource du prêt habituel à intérêt, ou de la banque : il serait trop

---

(1) Le gouvernement s'imagine, en réduisant la rente, faire quelque chose pour la propriété foncière ; il aggrave au contraire sá condition. Déjà, les frais de culture et l'impôt payés, elle suffit à peine à nourrir son maître ; on l'acquiert, on la garde, on l'aime, et surtout depuis qu'elle est une cause d'éligibilité aux fonctions publiques, par orgueil bien plus que par intérêt. Multipliez le nombre des *prétendans*, et vous achevez de modifier son utilité réelle.

fort qu'un gouvernement pour la réparation d'un de ses *coups d'état* mît en ligne de compte les appas de l'usure et les charmes d'un vice.

J'ai signalé les pertes matérielles que seraient infailliblement l'effet de la réduction de la rente. Voici ses conséquences morales : la seule disponibilité des fortunes est un fléau, et peut être le plus grand de tous ; et c'était pour l'éviter que les anciennes *coutumes* françaises mirent tant d'entraves à la circulation des propriétés et pour le produire que la révolution en à tant levé ; l'argent, et précisément parce qu'il est un instrument de charité, en est un aussi de vices et de crimes. C'est une arme que les bons gouvernemens devraient trembler de mettre, hors les cas de nécessité, à la main des citoyens. Eh bien ! le remboursement des rentes publiques va, en un instant, sans préparation, et sans qu'on aperçoive avant long-temps de terme au mal , la multiplier à l'infini dans toutes les classes, et dans les personnes qui, parce qu'elles sont plus faibles, ont plus à la redouter et à la faire redouter.

C'est du sein de tant de *possessions imprévues et inaccoutumées* que sortiraient comme de leur source la plus féconde, et les ambitions homicides, et les procès causes de haine, et les

ruines désespérantes , et les fortunes causes
de jalousies , dont les contre-coups sont toujours
pour les gouvernemens qui les ont voulus. « si
» la régence, dit Duclos, est une des époques
de la dépravation des mœurs, le *système* de
» Law en est encore une plus marquée de la
» corruption des âmes. »

CHAPITRE V.

De l'influence de la réduction de la rente sur le Trésor.

Si le gouvernement trouvait grave l'inconvé‑
nient des pertes du trésor, il l'essuiera inévita‑
blement par l'effet de la mesure qu'il propose.

On aura beau calculer et présenter des tables
d'additions, de divisions et de multiplications,
prétendues démonstratives des bénéfices pécu‑
niaires qui en seront le fruit ; cette fois, comme
toutes les autres, la prévoyance sera démentie
par l'événement. Il y a une règle de jugement
bien autrement sûre que celle de l'arithmétique,
c'est celle de ce *bon sens* que Bossuet, pour le
moins aussi habile politique que bon théologien,
appelait le *maître des affaires*. Or le bon sens
dit , et dira toujours, que les gouvernemens ne
valent pas les particuliers pour l'exécution ponc‑
tuelle des engagemens ; qu'il leur arrive très‑
souvent d'y manquer, et que le moment même
(le nôtre) où il y manque de nouveau, n'est
pas celui que ceux qui n'en souffrent pas, et

plus encore ceux qui en sont les victimes, choi-
sissent pour lui confier leurs capitaux. L'argent
remboursé se placera en maisons, en terres, en
spéculations industrielles. Il cherchera à l'é-
tranger, où se fixera même son possesseur, des
déboursés que la patrie lui refuse. On le gardera
s'il le faut; il échappera, du moins en très-
grande partie, au gouvernement, qui pourtant,
alors même qu'il l'offre, et précisément parce
qu'il l'offre, a besoin de lui, et y compte.

Car il s'est mis à la merci des grands *entre-
preneurs du trésor.* Et il serait impoli de manquer à un petit nombre d'hommes avec lesquels
on a traité en personne, alors même qu'on mé-
connaît des conventions faites avec de grandes
classes tout entières de la société

CHAPITRE VI.

De l'influence de la réduction de la rente sur la monarchie.

La monarchie, affaiblie dans le principe par ses fautes, et depuis long-temps suspendue et calomniée par l'anarchie et le despotisme, a plus besoin que jamais, pour se rétablir, de la force de l'opinion publique et de l'appui de tous les citoyens. Si elle a pour cela un moyen, c'est assurément l'usage de la probité qui lui est naturelle ; car les hommes, en général matériels, tiennent plus de compte à l'autorité de ce qu'elle fait pour leur argent que de ce qu'elle fait pour leur intelligence. Et c'est lorsque l'autorité légitime a si besoin de force, et que la force lui est si aisée, qu'elle s'avise de blesser l'intérêt, le droit le mieux acquis, de ses rentiers, c'est-à-dire de la sorte de gens qui, en prenant des actions dans sa fortune en des momens où elle était en péril, ont eu le plus de confiance en elle, sont les amis nés de son maintien et de sa prospérité, et les ennemis naturels de la révolte.

Le premier malheur qui résulte de là pour le gouvernement légitime, c'est la déconsidération, la défiance, et puis l'abandon. Il dispose les esprits à le confondre avec la révolution dont le suppressions de droits, ou leurs réductions, étaient le *droit commun*, et qui est tout aussi odieuse pour cela que pour le sang qu'elle a répandu, ne l'ayant fait couler que comme moyen et non comme résultat. Il s'interdit les lois les plus bienfaisantes et l'action la plus salutaire; il se place même dans la triste position de conserver ou de faire du mal malgré les intentions les plus pures; car c'est une loi de la Providence que le mal tire à lui le mal, et le bien le bien. Toutes les iniquités comme toutes les justices, sont solidaires.

Et quels hommes encore l'autorité s'aliène par la mesure qu'elle propose? Ceux-là qui sont aussi dangereux lorsqu'ils sont ennemis, qu'utiles quand ils sont auxiliaires. Les propriétaires d'immeubles ne peuvent rien, les capitalistes tout pour les troubles. Si l'argent avait manqué pour salarier la populace de 1789, le fer de la révolution serait encore dans le fourreau. La *réduction* de la rente enfin n'est ni plus ni moins que la réduction de la force de la légitimité et l'accroissement de celle de ses adversaires; et pourtant ceux-ci combattent le projet de loi. Dieu en soit loué! cela prouve du moins qu'en France, dès qu'il s'agit de justice, on répudie jusqu'à ses chances de victoire.

Le tableau que j'ai fait des fâcheux résultats d'une mesure de finance ne paraîtra exagéré qu'à ceux (il est vrai qu'il y en a beaucoup) qui ne savent pas que tout se lie dans l'ordre social , et qui ignorent l'admirable enchaînement et le travail énergique des causes et des conséquences.

Le gouvernement blesse au vif les intérêts d'une grande partie de la population; il expose par là sa propre existence, puisqu'il aventure celle de la monarchie peut-être; il courre enfin des chances effrayantes , et *pourquoi*, grand Dieu! Quel est celui de tant de nobles et d'héroïques émigrés qui ne préferât souffrir encore *l'expropriation*, s'il lui fallait en être *indemnisé* sur une expropriation nouvelle! Le gouvernement en annonçant l'intention où il était d'indemniser les émigrés , a sans doute voulu les honorer. A ne voir que le moyen qu'il emploie à cet effet, on dirait qu'ils ait voulu les rendre odieux.

CHAPITRE VII.

Réfutation de l'exemple de l'Angleterre.

Le gouvernement d'Angleterre a fait ce que le nôtre veut faire ? Les exemples d'une action de l'État, comme ceux d'une action privée ne sauraient être une raison que lorsqu'il est prouvé que l'action était raisonable dans son principe, et a été juste et bienfaisante dans son résultat. Hors de là, les exemples, loin d'être un engagement à faire, ne doivent plus être qu'un obstacle. Or, quel est le financier, quelqu'habile qu'on le suppose, qui oserait se croire et se dire capable, en citant l'exemple de la réduction de la rente anglaise, comme moyen de justifier la réduction de la nôtre, de démontrer, et la *légitimité* de l'opération britannique, et surtout la justice de son application, et l'utilité réelle et morale de son effet ? J'admets du bien en Angleterre, dans les années qui ont suivi la mesure de finance ; comment établir qu'il

en était le fruit? et de quel bien , au fond , pour-
rait-on parler dans un pays où toutes les liber-
tés sont violées (1) au nom de la *liberté* , où les
crimes de tous genres , depuis long-temps sont
devenus si communs , que tout le monde
est appelé à les juger , et presque personne à
en répondre (2) ?

C'est pourtant l'exemple de cette Angleterre ,
tout seul , et peut-être encore parce qu'il a été
loué sans raisonnement , selon sa coutume (3),

-----

(1) La liberté de la propriété par l'accablante *taxe des
pauvres*, celle de la dignité par la *presse des matelots*,
et jusqu'à celle de la pensée par les horribles lois contre
les catholiques d'Irlande.

(2) Il n'y a pas jusqu'aux apologistes de la constitution
d'Angleterre, comme Delolme, qui ne se plaignent de
l'appel du dernier des individus à l'exercice du *droit de
glaive* dans le juri, et tout le monde sait qu'en consé-
quence l'impunité est portée à son comble dans la Grande-
Bretagne.

(2) Liv. XXII, chap. xviii. — « Lorsque l'Etat em-
» prunte, dit-il, ce sont les particuliers qui fixent le taux
» de l'intérêt; lorsque l'Etat veut payer, c'est à lui à le
» fixer. » Il n'y a pas là un mot qui ne soit faux. Montesquieu ne voit la question de la rente publique que
comme celle de la rente particulière, et il juge la cause de
l'immense classe des rentiers de l'Etat comme il eût jugé
le procès d'un rentier justiciable de la *chambre* qu'il pré-
sidait au *parlement de Bordeaux*. Il a pourtant un cha-

par Montesquieu, qui a donné chez nous l'idée
de la désastreuse mesure que je combats. Jusqu'à quand un peuple qui, pendant des siècles
a donné le ton à l'Europe, s'avilira au point de
chercher et de suivre des exemples chez une
nation qui, depuis long-temps (1), a pris l'ini-
tiative dans tous les genres de révolte et de tyrannie? Faisons le bien, malgré les exemples
toujours nombreux du mal, et notre fait servira
d'exemple à son tour.

---

pitre *ad hoc* : « *Qu'il ne faut point décider par les règles*
» *du droit civil quand il s'agit de décider par celles du*
» *droit politique.* » Je ne voudrais, pour faire sentir
l'absence de logique qui se trouve dans ce passage de
l'auteur de *l'Esprit des lois*, qu'un de ceux qui le suivent dans le même chapitre : « Comme *on ne peut*
» *charger plus la classe des rentiers sans détruire la*
» *confiance publique*, dont l'Etat en général a un sou-
» verain besoin ; comme la foi publique ne peut manquer
» à un certain nombre de citoyens, sans paraître man-
» quer à tous ; comme *la classe des créanciers de l'Etat*
» *est toujours la plus exposée* aux projets des ministres
» et qu'elle est toujours sous ses yeux et sous sa main,
» *il faut que l'Etat lui accorde une singulière pro-*
» *tection.*

(1) Il suffit pour s'en convaincre de se rappeler que
Wiclef a précédé Calvin, et Cromwel Bonaparte, et que
nous n'avons jamais eu d'Henri VIII.

CHAPITRE VIII.

Quelle sorte de personnes pourraient se laisser prendre au projet de réduire la rente ?

Il y a une sorte de rivalité, et par conséquent de contradiction entre les propriétaires et les rentiers. Avec le même capital, les uns obtiennent à peine, par beaucoup de soins, de soucis et de chances, moitié du revenu qu'ont les autres. Ils s'en trouvent blessés sans faire attention à la considération que leur propriété leur donne, à l'influence civile ou politique dont elle est pour eux la source, toutes choses étrangères aux rentiers. D'ailleurs, le propriétaire de fonds ne craint que la nature, qui de soi est féconde ; le rentier, lui, est à la merci des gouvernemens, et. qui plus est, des perturbateurs. La preuve que le propriétaire lui-même trouve sa condition meilleure que celle du rentier, c'est que, pouvant l'avoir, il n'en a point voulu.

Quoi qu'il en soit, la rivalité existe entre les propriétaires et les rentiers. Les propriétaires

seraient donc d'assez mauvais juges des rentiers;
et l'on ne saurait trop s'imaginer l'effet des préventions de condition sur les esprits d'ailleurs
les plus éclairés et les plus indépendans. Il est
vrai que la Chambre des Pairs et celle des Dépu-
tés sont composées de propriétaires; mais ce
sont de grands propriétaires et des propriétaires
éclairés. Ils sauront, n'en doutons pas, appré-
cier la rente selon la raison de justice, qui est
toujours la raison d'état; ils ne la jugeront pas
sur des préjugés.

FIN.

TABLE

DES CHAPITRES.

FIN DE LA TABLE.